Ingen vandrer alene

- En musikalsk fortælling om liv og tro

Musik af Steffen Krøyer

Sange og salmer af Torben Persson

Komponistens bemærkninger

'Ingen vandrer alene' er den 9. fortælling Torben Perssons store værk, Musikalske Fortællinger om Liv og Tro. Værket består af ti kompositioner, der fortæller bibelhistorien fra Adam, Eva og skabelsen til jordens undergang i Johannes' Åbenbaring. Udover de ti fortællinger rummer værket også en række nye salmer, som er tilføjet i slutningen af hver fortælling.

Som komponist har jeg arbejdet ud fra tre hovedmål: Musikken skal være afvekslende, nem at lære og sjov at synge. Derfor har jeg valgt et enkelt tonesprog uden for mange krydrede akkorder, men med fokus på god harmoni i korsangen.

Værket er tænkt opført med både kor, solister og en rytmegruppe bestående af klaver, bas, guitar og trommer, men det kan også fremføres med en mindre besætning. Som korleder for amatørkor ved jeg, at vi altid arbejder med det muliges kunst, og derfor er der frie hænder i, hvordan værket sættes op. 'Ingen vandrer alene' er arrangeret for SATB, men kan også synges af to lige stemmer og stadig lyde godt. Jeg kan også forestille mig, at nogle af sangene synges solistisk eller af en kvartet. På den måde bliver værket hurtigere at lære for et amatørkor.

Det vigtigste er, at det skal være sjovt at synge, og at det kan skabe glæde for tilhørerne.

Når man ser tilbage på det arbejde og den passion, der er lagt i dette værk, er det mit håb, at denne musik vil bringe glæde og inspiration til både korsangere og publikum. Tak til alle, der har været en del af denne rejse og bidraget til at gøre denne udgivelse mulig.

Med varmeste hilsener,

Glædeby, marts 2025

Steffen Krøyer

Musikalske fortællinger om liv og tro

Plan for udgivelserne

'Den første kærlighed' - Fortællingen om skabelsen og syndefaldet

Udkommer forår 2026

'Gud gav et løfte' - Fortællingen om Abraham og den gamle pagt

Udkommer forår 2027

'Det drømmende folk' - Fortællingen om Moseloven

Udkommer forår 2026

'I lykke og lidelse' - Fortællingen om Job og lidelsens problem

Udkommer forår 2027

'Herrens tjener' - Fortællingen om Esajas profetier

Udkommer efterår 2025

'Forkynd Guds glædesbud' - Evangeliet om Jesu fødsel

Udkommer efterår 2025

'Det kommende' - Evangeliet om Gudsriget

Udkommer efterår 2026

'Tornekronens konge' - Evangeliet om Jesu forsoningsdød

Udkommet forår 2025

'Ingen vandrer alene' - Evangeliet om Jesu opstandelse

Udkommet forår 2025

'Når alle stjerner styrter ned' - Uddrag af Johannes' åbenbaring

Udkommer efterår 2026

Redaktion: Torben Persson og Steffen Krøyer

Forsidebillede og vignetter på bagsiden:

Catherine Storm Erichsen

@storm-cath

Forlag: BoD · Books on Demand, Strandvejen 100, 2900 Hellerup, bod@bod.dk
Tryk: Libri Plureos GmbH, Friedensallee 273, 22763 Hamborg, Tyskland
ISBN: 978-87-7691-868-2

Ingen vandrer alene

Torben Persson

Steffen Krøyer

1. Stille kan et hjerte slå

19
A E B C♯m B
Solo
ef - ter dø - den der skal du våg - ne op hos Gud en dag
S.
dam da dam da dam da dam da dam da dam da dam da dam da
A.
dam da dam da dam da dam da dam da dam da dam da dam da
T.
dam da dam da dam da dam da dam da dam da dam da dam da
B.
dam da dam da dam da dam da dam da dam da dam da dam da
23
C♯m A B Emaj7 F♯m7 G♯m7 F♯m7
Solo
hjer - tet slår for Her - rens sag_
S.
dam da dam da dam da dam Mm
A.
dam da dam da dam da dam Mm
T.
dam da dam da dam da dam Mm
B.
dam da dam da dam da dam Mm
29
D
E B A E B C♯m
S.
Stil - le hjer - te i mit bryst, du vil al - tid fin - de_trøst. Gud har frelst dig
A.
Stil le, hjer - te i mit bryst, du vil al - tid fin - de_trøst. Gud har frelst dig

E
B
C♯m
A
B
Emaj7
F♯m7
G♯m7
F♯m7
S.
A.
T.
B.
ved sin søn og han hø - rer hjer - ters bøn Uh Ah
E
B
A
E
B
C♯m
Stil - le hjer - te Gud er nær! Hvert et hjer - te har Gud kær. I Guds nå - de
Stil le, hjer - te Gud er nær! Hvert et hjer - te har Gud kær. I Guds nå - de
B
C♯m
A
B
Emaj7
F♯m7
B7
E
er den magt hvor du al - drig går for - tabt. Mm

Fortæller:

På det sted, hvor Jesus var blevet korsfæstet, var der en have, og i haven en ny grav, hvori ingen endnu var blevet lagt. Der lagde de Jesus, fordi det var jødernes forberedelsesdag, og graven var nær ved.

Men på den første dag i ugen, tidligt om morgenen, mens det endnu var mørkt, kom Maria Magdalene til graven og så, at stenen var taget bort fra graven. Hun løb hen til Simon Peter og til den anden discipel, ham som Jesus elskede, og sagde til dem: "De har flyttet Herren fra graven, og vi ved ikke, hvor de har lagt ham."

Fortæller:

Peter og den anden discipel gik da ud til graven. De løb begge to sammen, men den anden discipel løb foran, hurtigere end Peter, og kom først til graven. Han bøjede sig ind og så ligklæderne ligge der, men gik ikke ind. Så kom Simon Peter, der fulgte efter ham, og han gik ind i graven. Han så ligklæderne ligge der og klædet, som havde været om Jesu hoved; det lå ikke sammen med linnedklæderne, men rullet sammen på et sted for sig selv.

Fortæller:

Da gik også den anden discipel ind, han som var kommet først til graven, og han så og troede. For endnu havde de ikke forstået Skriftens ord, at han skulle opstå fra de døde. Så vendte disciplene hjem igen.

Men Maria Magdalene stod udenfor ved graven og græd.

Ingen vandrer alene

Torben Persson

Steffen Krøyer

2. Uden dig

Fortæller:

Efter at Maria Magdalene stod ved graven og græd, så hun to engle i hvide klæder siddende dér, hvor Jesus havde ligget. De spurgte hende: "Kvinde, hvorfor græder du?" Hun svarede: "De har taget min Herre bort, og jeg ved ikke, hvor de har lagt ham." Da hun vendte sig om, så hun Jesus stå dér, men hun genkendte ham ikke med det samme. Jesus spurgte hende: "Kvinde, hvorfor græder du? Hvem leder du efter?"

Ingen vandrer alene

Torben Persson

Steffen Krøyer

3. Intet menneske

29
Gm Bb C F Gm F9
S.
fær - den. Kun i tro - en kan vi fin - de det, der kan os frel - sen vin - -
A.
fær - den. Kun i tro - en kan vi fin - de det, der kan os frel - sen vin - -
34
C7 Dm7 Gm F C
S.
- ne Os til trods for synd og fald
A.
- ne Os til trods for synd og fald
C
39
Dm7 Bb Dm7 C
S.
Døb dø__ di dæ - bn døb døb_ di dæ - bn døb døb__ di dæ - bn
A.
Døb dø__ di dæ - bn døb døb_ di dæ - bn døb døb__ di dæ - bn
T.
In - tet men - ne - ske kan mag - te__ tan - ken om at væ - re
Al - le har vi hjer - tets læng - sel,__ al - le ken - der mør - kets
B.
Døb dø__ di dæ - bn døb døb_ di dæ - bn døb døb__ di dæ - bn
42
Gm F Dm7 Bb Dm7
S.
døb døb__ di dæ - bn døb døb__ di dæ - bn døb døb__ di dæ - bn
A.
døb døb__ di dæ - bn døb døb__ di dæ - bn døb døb__ di dæ - bn
T.
tab - te__ på et sted som in - gen ken - der__
fæng - sel.__ Al - le drøm - mer om Guds ga - ve__
B.
døb døb__ di dæ - bn døb døb__ di dæ - bn døb døb__ di dæ - bn

45
C
Gm
B♭
C
S.
døb døb di dæ - bn Ah ah ah
A.
døb døb di dæ - bn Ah ah ah
T.
helt for - stødt af Gud og ven - ner u - den del i li - vets gå -
har en bøn om of - fer - ga - ve til den Gud, der ska - ber hå -
B.
døb døb di dæ - bn Ah ah ah
48
F
Gm
F9
C7
ah ah uh ah
- de u - den del i Her - rens nå - - - de
- bet til den Gud, der hø - rer rå - - - bet
52
Dm7
Gm
F
C
Os til trods for synd og fald

Fortæller:

Maria Magdalene mente, det var havemanden, og sagde til ham: ”Herre, hvis det er dig, der har båret ham bort, så sig mig, hvor du har lagt ham, så jeg kan hente ham.” Jesus sagde til hende: ”Maria!” Hun vendte sig om og sagde til ham på hebraisk: ”Rabbuni!” - det betyder Mester.

Jesus sagde til hende: ”Hold mig ikke tilbage, for jeg er endnu ikke steget op til Faderen; men gå hen til mine brødre og sig til dem: ”Jeg stiger op til min fader og jeres fader; til min Gud og jeres Gud.”

Fortæller:

Maria Magdalene gik hen og fortalte disciplene: ”Jeg har set Herren,” og at han havde sagt dette til hende.

Ingen vandrer alene

Torben Persson

Steffen Krøyer

4. Ham der ser mig

A

Rockabilly ♩= 90

Sopran
Alt
Tenor
Bas

Cmaj7 Dm7 Em7 Dm7/F

Jeg har set ham, der ser mig da sor - gen var så sort jeg har

Du du du du.

Du du du du.

Du du du du.

4

C/G G Am7 G7/B Cmaj7 Dm7

S. set ham, der ser mig._ Han er ik - ke gå - et bort. Jeg har set ham, der ser mig. Med

A. Du du du du. Du du

T. Du du du du. Du du

B. Du du du du. Du du

7
Em7 Am7/F D7/F♯ G /A G7/B
S.
ham fik hjer - tet håb! Jeg har set ham, der ser mig. Han hør - te her mit råb
A.
du du. Du du du du du
T.
du du. Du du du du.
B.
du du. Du du du du du
B
Instrumental solo
10
Cmaj7 Dm7 Em7 Dm7/F C/G G
S.
13
Am7 G7/B Dm7 Em7 Am7/F D7/F♯ G /A G7/B
S.
C
18
G /A G7/B Cmaj7 Dm7 Em7 Dm7/F
S.
Jeg har set ham, der ser mig jeg ser hans kær - lig - hed. Jeg har
A.
Jeg har set ham, der ser mig jeg ser hans kær - lig - hed. Jeg har
T.
Jeg har set ham, der ser mig jeg ser hans kær - lig - hed. Jeg har
B.
Du du du du.

Fortæller:

Men samme dag var to af disciplene på vej til en landsby, som ligger tres stadier fra Jerusalem og hedder Emmaus; de talte med hinanden om alt det, som var sket. Og det skete, mens de gik og talte sammen og drøftede det indbyrdes, kom Jesus selv og slog følge med dem. Men deres øjne holdtes til, så de ikke genkendte ham.

Ingen vandrer alene

Torben Persson

Steffen Krøyer

5. Tilgiv os

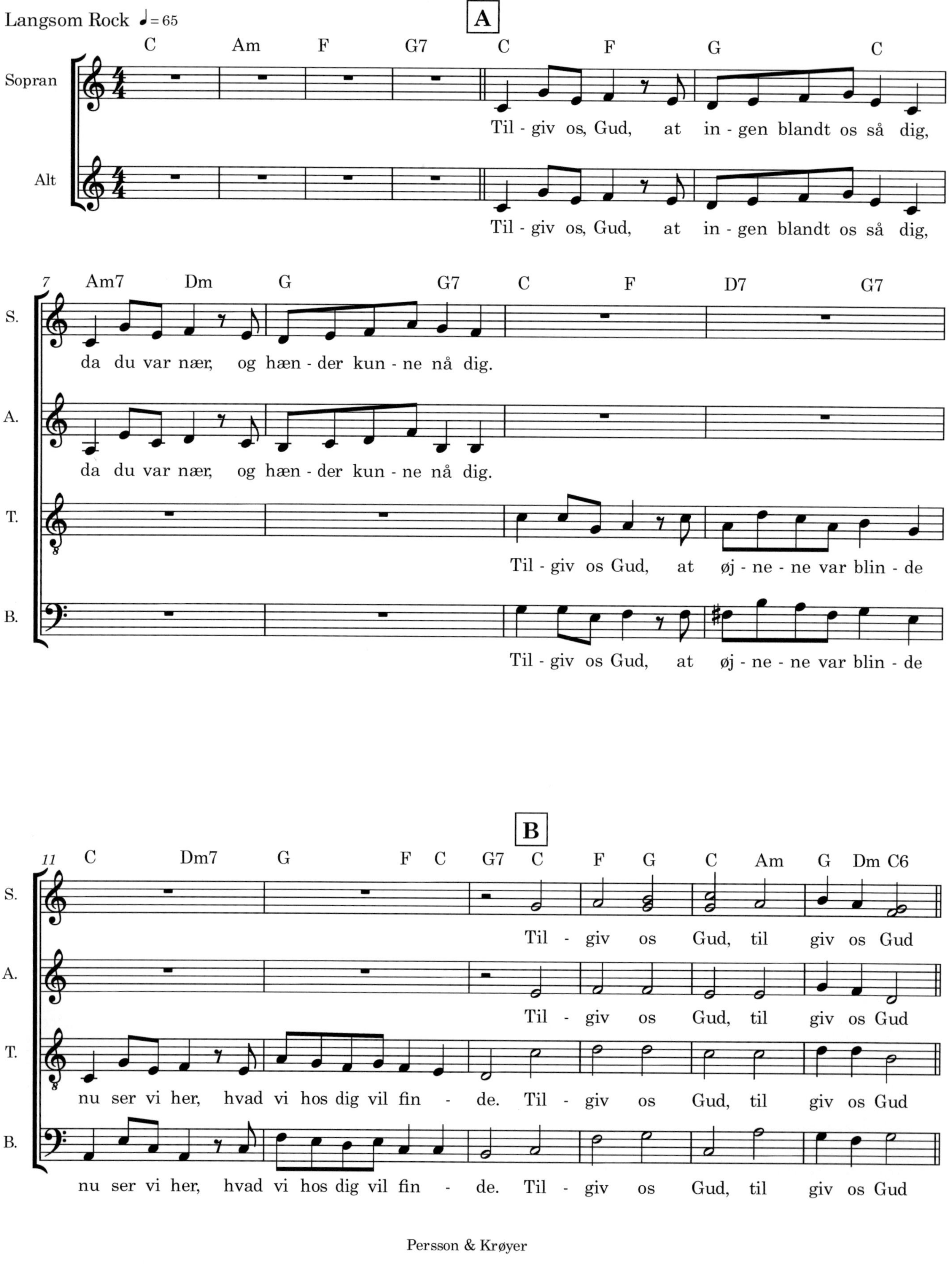

Langsom Rock ♩= 65
A
C Am F G7 C F G C
Sopran
Til - giv os, Gud, at in - gen blandt os så dig,
Alt
Til - giv os, Gud, at in - gen blandt os så dig,
7
Am7 Dm G G7 C F D7 G7
S.
da du var nær, og hæn - der kun - ne nå dig.
A.
da du var nær, og hæn - der kun - ne nå dig.
T.
Til - giv os Gud, at øj - ne - ne var blin - de
B.
Til - giv os Gud, at øj - ne - ne var blin - de
B
11
C Dm7 G F C G7 C F G C Am G Dm C6
S.
Til - giv os Gud, til giv os Gud
A.
Til - giv os Gud, til giv os Gud
T.
nu ser vi her, hvad vi hos dig vil fin - de. Til - giv os Gud, til giv os Gud
B.
nu ser vi her, hvad vi hos dig vil fin - de. Til - giv os Gud, til giv os Gud

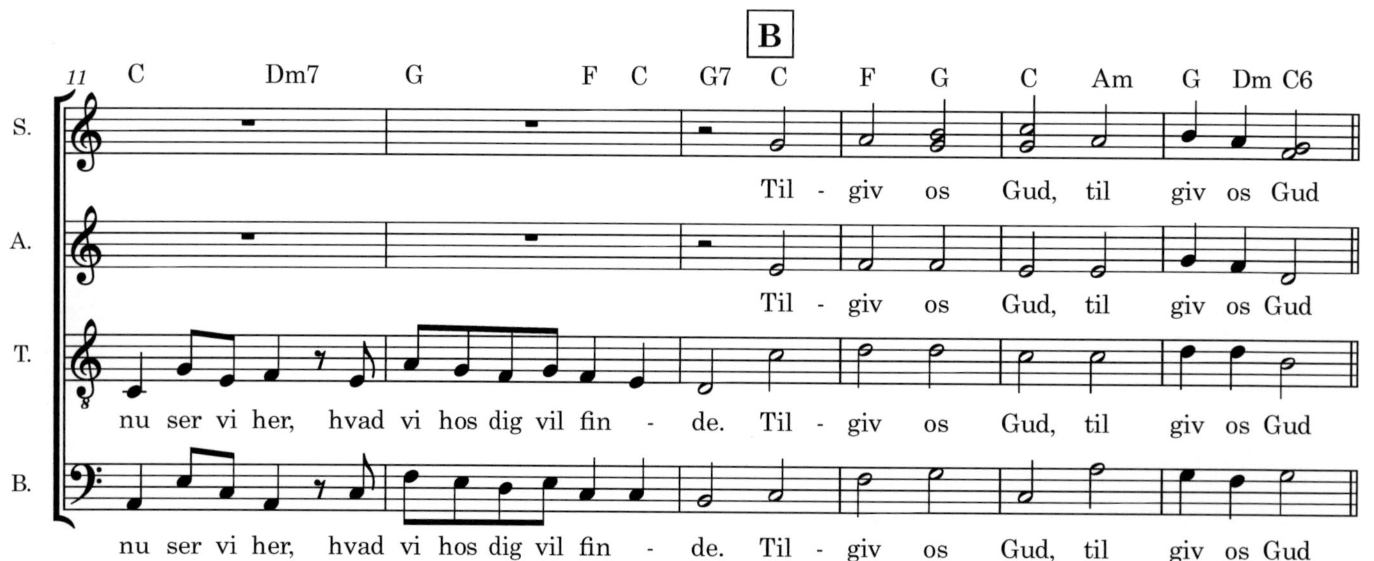

17
C F G C Am7 Dm G G7
S.
Til - giv os, Gud, at in - gen ø - rer hør - te det ny - e Ord, der ind til li - vet før - te
A.
Til - giv os, Gud, at in - gen ø - rer hør - te det ny - e Ord, der ind i li - vet før - te
T.
Til - giv os, Gud, at in - gen ø - rer hør - te det ny - e Ord, der ind til li - vet før - te
B.
Til - giv os, Gud, at in - gen ø - rer hør - te det ny - e Ord, der ind til li - vet før - te.
21
C F D7 G7 C Dm7 G F C
S.
Til giv os Gud, at in - gen kun - ne ken - de den Gud, der vil al sorg til glæ - de ven -
A.
Til giv os Gud, at in - gen kun - ne ken - de den Gud, der vil al sor til glæ - de ven -
T.
Til giv os Gud, at in - gen kun - ne ken - de den Gud, der vil al sorg til glæ - de ven -
B.
Til giv os Gud, at in - gen kun - ne ken - de den Gud, der vil al sorg til glæ - de ven -
C
25
G7 C F G7 C Am G Dm C6 C F G C
S.
- de. Til - giv os Gud, til giv os Gud
A.
- de. Til - giv os Gud, til giv os Gud
T.
- de. Til - giv os Gud, til giv os Gud Til - giv os, Gud, at li - vet, vi gør lil - le,
B.
- de. Til - giv os Gud, til giv os Gud Til - giv os, Gud, at li - vet, vi gør lil - le,

31
Am7 Dm G G7 C F D7 G7
S.
Til - giv os Gud, at vi så syn - digt hand - ler.
A.
Til - giv os Gud, at vi så syn - digt hand - ler.
T.
slet ik - ke var, det liv du i os vil - le
B.
slet ik - ke var, det liv du i os vil - le
35
C Dm7 G F C G7 C F G7 C F G F C
S.
Du med dit blod, alt ondt til godt for - vand - ler Til - giv os Gud, til giv os Gud
A.
Du med dit blod, alt ondt til godt for - vand - ler Til - giv os Gud, til giv os Gud
T.
Til - giv os Gud, til giv os Gud
B.
Til - giv os Gud, til giv os Gud

Fortæller:

Han spurgte dem: »Hvad er det, I går og drøfter med hinanden?« De standsede og så bedrøvede ud, og den ene af dem, Kleofas hed han, svarede: »Er du den eneste tilrejsende i Jerusalem, der ikke ved, hvad der er sket i byen i disse dage?« »Hvad da?« spurgte han.

Fortæller:

De svarede: »Det med Jesus fra Nazaret, som var en profet, mægtig i gerning og ord over for Gud og hele folket – hvordan vore ypperstepræster og rådsherrer har udleveret ham til dødsstraf og korsfæstet ham. Og vi havde håbet, at det var ham, der skulle forløse Israel. Men til alt dette kommer, at det i dag er tredje dag, siden det skete. Og nu har nogle af kvinderne iblandt os forfærdet os; de var tidligt i morges ude ved graven, men fandt ikke hans legeme og kom tilbage og fortalte, at de i et syn havde set engle, som sagde, at han lever. Nogle af dem, der er sammen med os, gik så ud til graven og fandt det sådan, som kvinderne havde sagt, men ham selv så de ikke.«

Fortæller:

Da sagde han til dem: »I uforstandige, så tungnemme til at tro på alt det, profeterne har talt. Skulle Kristus ikke lide dette og gå ind til sin herlighed?« Og han begyndte med Moses og alle profeterne og udlagde for dem, hvad der stod om ham i alle Skrifterne.

De var næsten fremme ved den landsby, de var på vej til, og Jesus lod, som om han ville gå videre. Men de holdt ham tilbage og sagde: »Bliv hos os! Det er snart aften, og dagen er allerede gået på hæld.« Så gik han med ind for at blive hos dem.

Ingen vandrer alene

Torben Persson

Steffen Krøyer

6. Ingen vandrer helt alene

Bossa ♩= 140 **A**

Solist

Em Am7 D7 G B Em Am7

Vi, der må i mør - ket ud,___ fø - ler of - te,
Mør - kets magt kan sy - nes stor,___ men i hjer - tet
Mør - ket bleg - ner i den tro,___ alt det on - de

7 Solo

D7 G B Em Am7 D7 G B

vi er e - ne In - gen går dog u - den Gud___
vil vi vi - de. at når vi på Kri - stus tror___
må da vi - ge I den tro får hjer - tet ro,___

13 Solo

Em Am7 D7 G **Fine** B7 **B** Em Am7 D7 G

in - gen van - drer helt a - le - ne Gå da trygt i mør - ket ud,
går Guds søn ved vo - res si - de.
og vi van - drer mod Guds ri - ge.

19 Solo

Em Am7 G B7 Em Am7 D7 G Em

nat - tens mulm vil al - drig blin - de. Hvor vi går, der går jo Gud i det

Fortæller:

Mens han sad til bords sammen med dem, tog han brødet, velsignede og brød det og gav dem det. Da åbnedes deres øjne, og de genkendte ham; men så blev han usynlig for dem. De sagde til hinanden: »Brændte vore hjerter ikke i os, mens han talte til os på vejen og åbnede Skrifterne for os?«

Og de brød op med det samme og vendte tilbage til Jerusalem, hvor de fandt de elleve og alle de andre forsamlet, som sagde: »Herren er virkelig opstået, og han er set af Simon.« Selv fortalte de, hvad der var sket på vejen, og hvordan de havde genkendt ham, da han brød brødet.

Fortæller:

Om aftenen den samme dag, den første dag i ugen, mens disciplene holdt sig inde bag lukkede døre af frygt for jøderne, kom Jesus og stod midt iblandt dem og sagde til dem: »Fred være med jer!« Da han havde sagt det, viste han dem sine hænder og sin side. Disciplene blev glade, da de så Herren. Jesus sagde igen til dem: »Fred være med jer! Som Faderen har udsendt mig, sender jeg også jer.« Da han havde sagt det, blæste han ånde i dem og sagde: »Modtag Helligånden!

Ingen vandrer alene

Torben Persson

Steffen Krøyer

7. Fred være med os

B
11
G
C
G
G7
Solo
S.
A.
T.
B.
Fred væ - re med den, der fandt Guds favn.
Fred væ - re med den, der fandt Guds søn
der fandt Guds favn.
der fandt Guds søn.
I
15
C
Dm/C
C
til - lid, tro og kær - lig - hed får vi fred i e - vig - hed I
19
G
F/C
F
til - lid, tro og kær - lig - hed fin - der vi Guds fred!

C
25
C F F C
S.
Fred væ - re med den,_ der ser Guds magt Fred væ - re med den,_ der fik Guds pagt.
A.
Fred væ - re med den,_ der ser Guds magt. Fred væ - re med den,_ der fik Guds pagt.
T.
Fred væ - re med den,_ der ser Guds magt. Fred væ - re med den,_ der fik Guds pagt.
29
C7 F G C
S.
_ Fred væ - re med os_ har Kri - stus sagt._ Dybt i den - ne tro_ blev li - vet skabt
A.
_ Fred væ - re med os_ har Kri - stus sagt._ Dybt i den - ne tro_ blev li - vet skabt
T.
_ Fred væ - re med os_ har Kr - stus sagt._ Dybt i den - ne tro_ blev li - vet skabt
B.
Dybt i den - ne tro_ blev li - vet skabt
D
33
G G7 C Dm/C C C Dm/C
S.
_
A.
_ får vi fred i e -
T.
_ I til - lid, tro og kær - lig - hed får vi fred i e -
B.
_ I til - lid, tro og kær - lig - hed får vi fred i e -

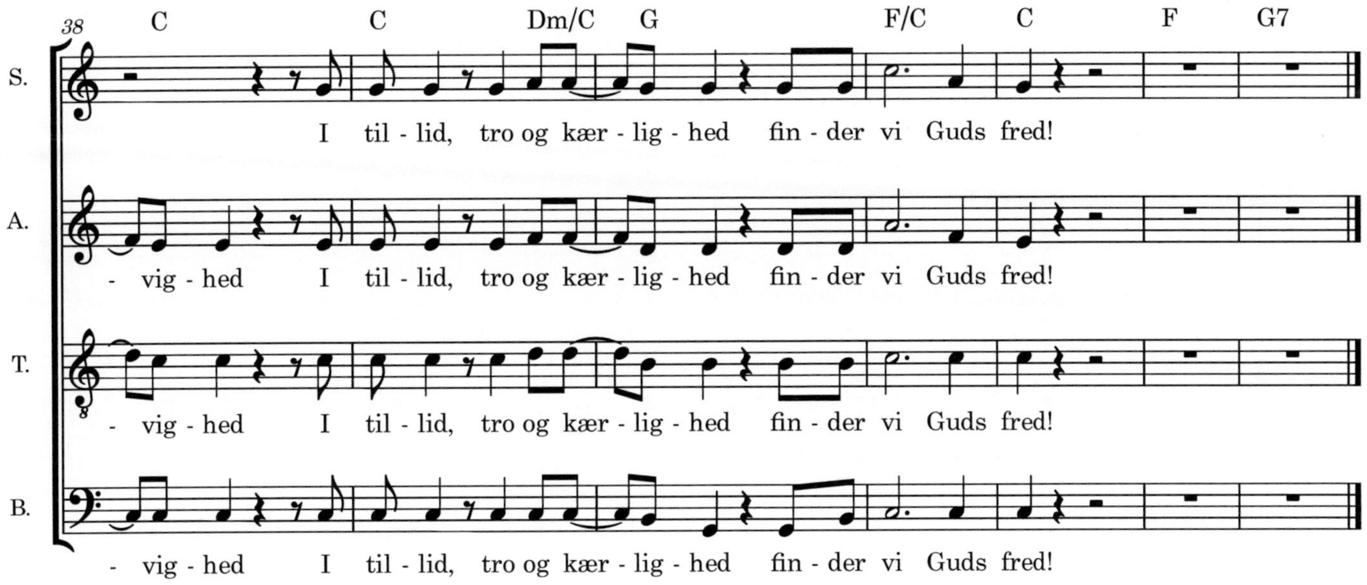

Fortæller:

Han tog dem med ud af byen, hen i nærheden af Betania, og løftede sine hænder og velsignede dem. Idet han velsignede dem, skiltes han fra dem og blev båret op til himlen. De tilbad ham, og fyldt med glæde vendte de tilbage til Jerusalem, og de var hele tiden i templet og lovpriste Gud.

Ingen vandrer alene

Torben Persson

Steffen Krøyer

8. Du, Jesus Kristus

19
E7/G♯ A Bm F♯m G
S.
Med dig er al synd til gi vet Du blev ve - jen, ly - set, li - vet, med dig er al
A.
Med dig er al synd til - gi - vet Du blev ve - jen, ly - set, li - vet, med dig er al
T.
Med dig er al synd til - gi - vet Du blev ve - jen, ly - set, li - vet, med dig er al
B.
Med dig er al synd til - gi - vet Du blev ve - jen, ly - set, li - vet, med dig er al
C
24
A D Gmaj7 F♯m7 Em7 A7sus4 D G
synd til - gi - vet.
Du, Je - sus Kris - tus, selv så ban-
synd til - gi - vet
Du, Je - sus Kris - tus, selv så ban-
synd til - gi - vet
Du, Je - sus Kris - tus, selv så ban-
synd til - gi - vet
da di da di
31
D/F♯ A/C♯ G/B D A A D
- ge, of - ret blev for os de man - ge Hvad vi
- ge of - ret blev for os de man - ge, Hvad vi
- ge, of - ret blev for os de man - ge Hvad vi
da di da di da di da di da da di

38
G
D/F♯
A/C♯
G/B
D
A
S.
ik - ke kun - ne mag - te du i død for al - le skab - te.
A.
ik - ke kun - ne mag - te du i død for al - le skab - te
T.
ik - ke kun - ne mag - te du i død for al - le skab - te
B.
da di da di da di da di da di da di
44
A
D
G
E7/G♯
A
Uh Du har frelst os, de for - tab - te, med din død du al - ting skab - te
Uh Du har frelst os, de for - tab - te, med din død du al - ting skab - te
du du du du Du har frelst os, de for - tab - te, med din død du al - ting skab - te
du du du du Du har frelst os, de for - tab - te, med din død du al - ting skab - te
49
D
Bm
F♯m
G
A
D
Gmaj7
Du blev ve - jen, ly - set, li - vet, med dig er al synd til - gi - vet.
Du blev ve - jen, ly - set, li - vet, med dig er al synd til - gi - vet
Du blev ve - jen, ly - set, li - vet, med dig er al synd til - gi - vet
Du blev ve - jen, ly - set, li - vet, med dig er al synd til - gi - vet

55
F♯m7
Em7 A7sus4
E
D
G
D/F♯
A/C♯
S.
A.
T.
B.
Du, Je - sus Kris - tus, li - vets væl - de kan i
61
G/B
D
A
A
D
G
D/F♯
dig da dom - men fæl - de. Dom - men blev i din død gi - vet,
dig da dom - men fæl - de Dom - men blev i din død gi - vet
68
A/C♯
G/B
D
A
A
F
D
dom - men døm - mer os til li - vet Uh Du blev ve - jen,
dom - men døm - mer os til li - vet du du du du Du blev ve - jen,

74
G
E7/G♯
A
Bm
F♯m
S.
A.
T.
B.
ly - set, li — vet. Med dig er Guds sand - hed gi — vet Du blev ve - jen, ly - set, li - vet,
ly - set, li - vet. Med dig er Guds sand - hed gi - vet Du blev ve - jen, ly - set, li - vet,
ly - set, li - vet. Med dig er Guds sand - hed gi - vet Du blev ve - jen, ly - set, li - vet,
ly - set, li - vet. Med dig er Guds sand - hed gi - vet Du blev ve - jen, ly - set, li - vet,
79
G
A
D
Gmaj7
F♯m7
Em7 A7sus4
med dig er al synd til - gi - vet.
med dig er al synd til - gi - vet
med dig er al synd til - gi - vet
med dig er al synd til - gi - vet

Ingen vandrer alene

Torben Persson

Steffen Krøyer

9. Smukt er påskens morgengry

18
Am F C F G C
Solo
Der hvor Søn - nen rej - ste sig vi - ses vi nu li - vets vej.
S.
Der hvor Søn - nen rej - ste sig vi - ses vi nu li - vets vej.
A.
Der hvor Søn - nen rej - ste sig vi - ses vi nu li - vets vej.
T.
Der hvor Søn - nen rej - ste sig vi - ses vi nu li - vets vej.
B.
Der hvor Søn - nen rej - ste sig vi - ses vi nu li - vets vej.
C
22
C Dm G C
S.
Dø - dens støv blev li - vets muld. Her - rens magt er un - der - fuld
I den tro står alt i flor, smuk er Her - rens for - års - jord.
A.
Dø - dens støv blev li - vets muld. Her - rens magt er un - der - fuld
I den tro står alt i flor, smuk er Her - rens for - års - jord.
26
F Em Am G7 1. C 2. C
S.
Før - ste grø - den er Guds søn, der vil blom - stre i hver bøn
Fra den grav, hvor Kri - stus lå, vil vi alt i li - vet få Al - ting
A.
Før - ste grø - den er Guds søn, der vil blom - stre i hver bøn
Fra den grav, hvor Kri - stus lå, vil vi alt i Li - vet få Al - ting

D
31
C F G C Am
S.
grøn - nes alt er til,_ Smukt er det vor Her - re vil Der hvor Søn - nen
A.
grøn - nes alt er til,_ Smukt er det vor Her - re vil Der hvor Søn - nen
T.
grøn - nes alt er til,_ Smukt er det vor Her - re vil Der hvor Søn - nen
B.
grø - nes alt er til,_ smukt er det vor Her - re vil Der hvor Søn - nen
E
36
F C F G C C Dm
S.
rej - ste sig vi - ses vi nu li - vets vej.
A.
rej - ste sig vi - ses vi nu li - vets vej.
T.
rej - ste sig vi - ses vi nu li - vets vej. Dø - dens nat er blot et blund.
B.
rej - ste sig vi - ses vi nu li - vets vej. Dø - dens nat er blot et blund.
41
G C F Em Am G7
T.
Vi står op hver mor - gen - stund. Hjer - ters slag er Her - rens sag Hvad han vi - ste
B.
Vi står op hver mor - gen - stund. Hjer - ters slag er Her - rens sag Hvad han vi - ste

F
46
C C Dm G C
S.
Spi - ser vi af Søn - nens brød går vi al - drig ind i død.
A.
Spi - ser vi af Søn - nens brød går vi al - drig ind i død.
T.
pås - ke dag Spi - ser vi af Søn - nens brød går vi al - drig ind i død.
B.
pås - ke dag Spi - ser vi af Søn - nens brød går vi al - drig ind i død.
51
F Em Am G7 C G C
S.
Vi får liv i Je - su blod gi - vet af vor Gud så god Hvil.ken glæ - de,
A.
Vi får liv i Je - su blod gi - vet af vor Gud så god Hvil.ken glæ - de,
T.
Vi får liv i Je - su blod gi - vet af vor Gud så god Hvil.ken glæ - de,
B.
Vi får liv i Je - su blod gi - vet af vor Gud så god Hvil.ken glæ - de,
56
F G C Am F
S.
alt er til smukt er det vor Her - re vil Der hvor Søn - nen rej - ste sig
A.
alt er til smukt er det vor Her - re vil Der hvor Søn - nen rej - ste sig
T.
alt er til smukt er det vor Her - re vil Der hvor Søn - nen rej - ste sig
B.
alt er til smukt er det vor Her - re vil Der hvor Søn - nen rej - ste sig

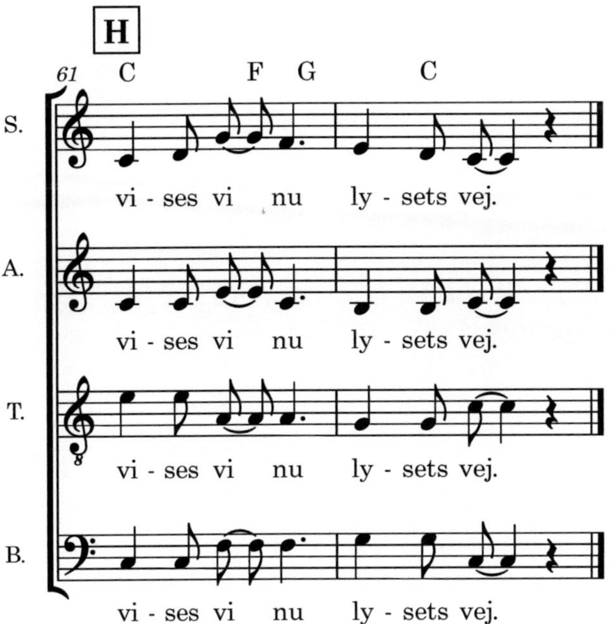
H
61
C
F
G
C
S.
vi - ses vi nu ly - sets vej.
A.
vi - ses vi nu ly - sets vej.
T.
vi - ses vi nu ly - sets vej.
B.
vi - ses vi nu ly - sets vej.

Ingen vandrer alene

Torben Persson

Steffen Krøyer

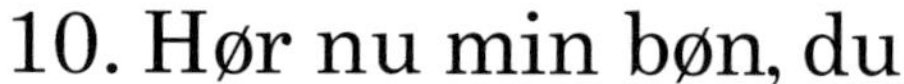

A

Hymne ♩= 60

F A Dm F7 B♭ E7 F C7 F7 B♭ E7 F A Dm

Sopran: Hør nu min bøn, du, du er Guds søn, du alt dag - ligt brød_ du

Alt: Mmm______ Mmm______

Tenor: Mmm______ Mmm______

Bas: Mmm______ Mmm______

7

G7 C F C7 F A Dm Gm7 F B♭ C7 F

S.: Hin - si - des død, du. Hvor jeg end går, du, hvor jeg en står, du, da ser jeg

A.: Mmm______ Mmm______ Da ser jeg

T.: Mmm______ Mmm______ Da ser jeg

B.: Mmm______ Mmm______ ah______

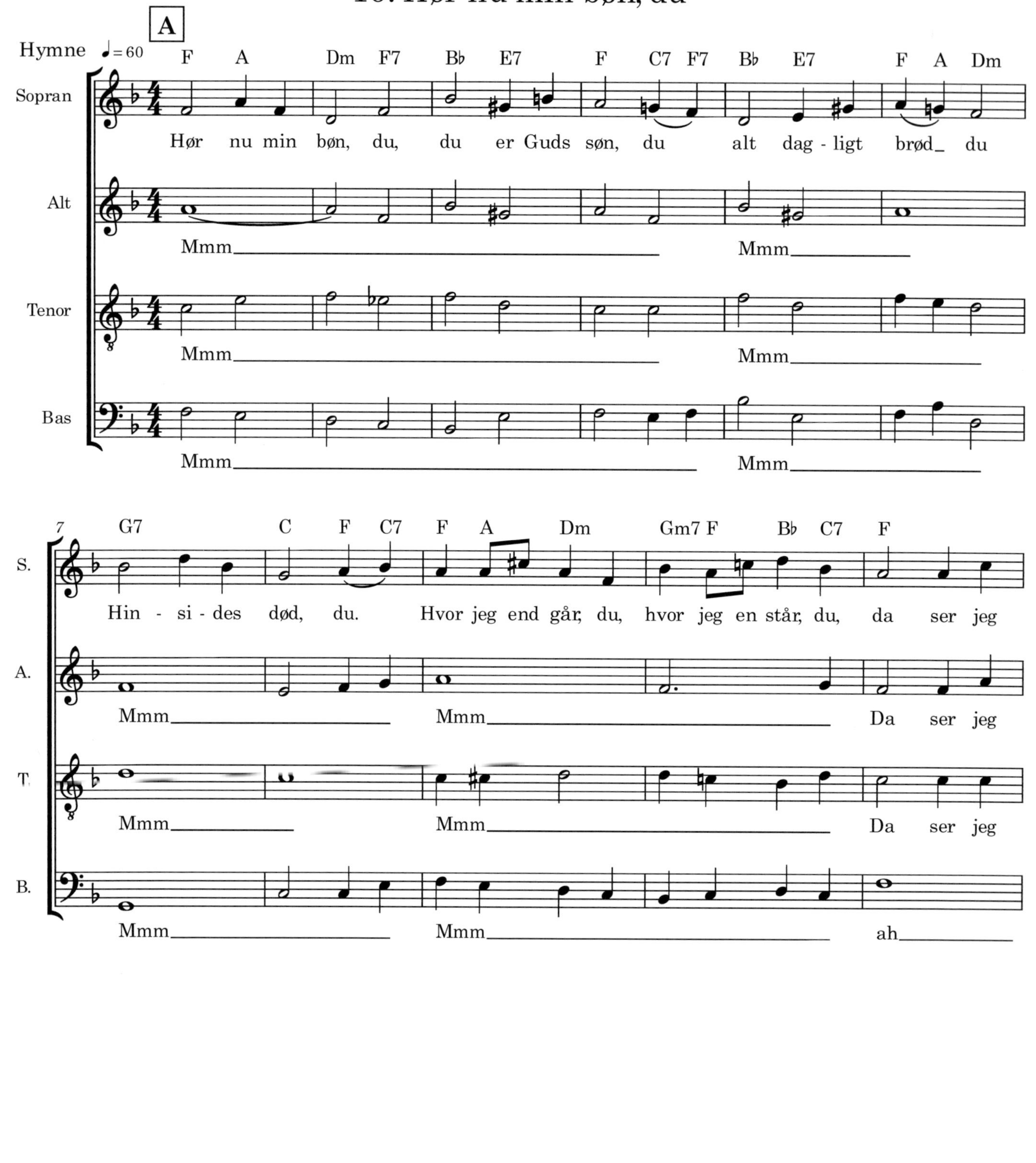

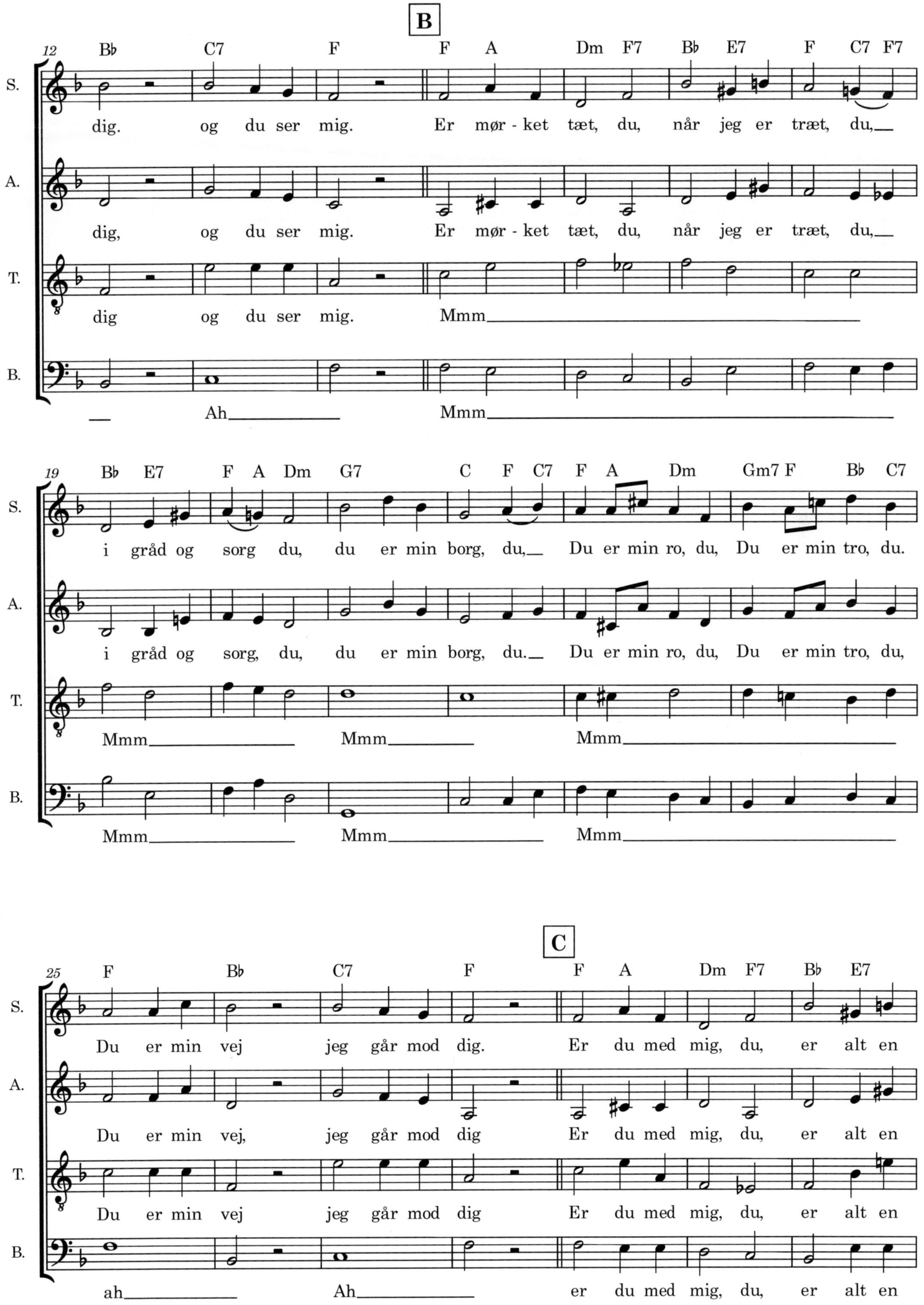

B

12 B♭ C7 F F A Dm F7 B♭ E7 F C7 F7

S. dig. og du ser mig. Er mør - ket tæt, du, når jeg er træt, du,

A. dig, og du ser mig. Er mør - ket tæt, du, når jeg er træt, du,

T. dig og du ser mig. Mmm

B. Ah Mmm

19 B♭ E7 F A Dm G7 C F C7 F A Dm Gm7 F B♭ C7

S. i gråd og sorg du, du er min borg, du, Du er min ro, du, Du er min tro, du.

A. i gråd og sorg, du, du er min borg, du. Du er min ro, du, Du er min tro, du,

T. Mmm Mmm Mmm

B. Mmm Mmm Mmm

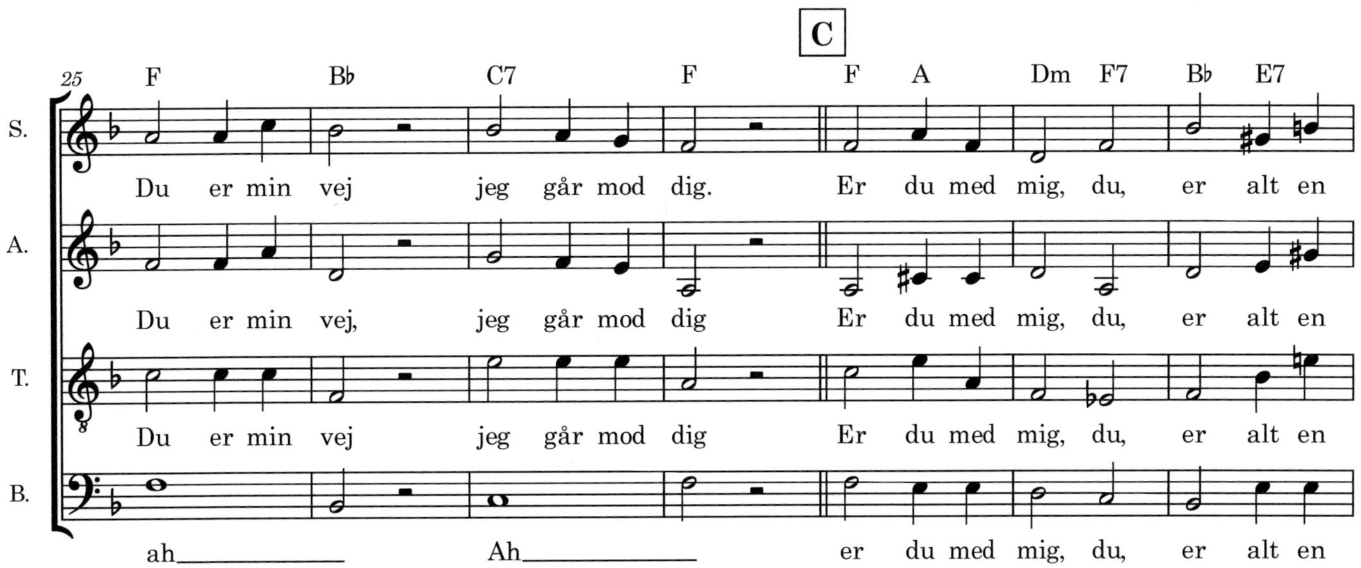

32
F C7 F7 Bb E7 F A Dm G7 C F C7 F A Dm
S.
leg, du,__ ja, hjer - tet ler,__ du, når jeg dig ser, du.__ Du er min ånd, du,
A.
leg, du,__ ja, hjer - tet ler,__ du, når jeg dig ser, du.__ Du er min ånd, du,
T.
leg, du,__ ja, hjer - tet ler,__ du, når jeg dig ser, du. Du er min ånd, du,
B.
leg, du__ ja, hjer - tet ler__ du, når jeg dig ser, du__ Du er min ånd, du,
38
Gm7 F Bb C7 F Bb C7 F
S.
hold her min hånd, du, Du har mig kær er al - tid nær.
A.
hold her min hånd, du, Du har mig kær er al - tid nær.
T.
hold her min hånd, du, Du har mig kær er al - tid nær.
B.
hold her min hånd, du Du har mig kær er al - tid nær

Ingen vandrer alene

Torben Persson

Steffen Krøyer

A

11. Af graven genopstået

A capella 𝅗𝅥 = 40

Solist

Kors - fæs - tet, død, be - gra - vet, af gra - ven gen - op - stå - et! I

6

Solo

den - ne of - fer - ger - ning alt er i tro for - stå - et.

S.

Kors -

A.

Kors -

B

10

S.

- fæs - tet, død, be - gra - vet, Guds søn det selv for -

A.

- fæs - tet, død, be - gra - vet, Guds søn det selv for -

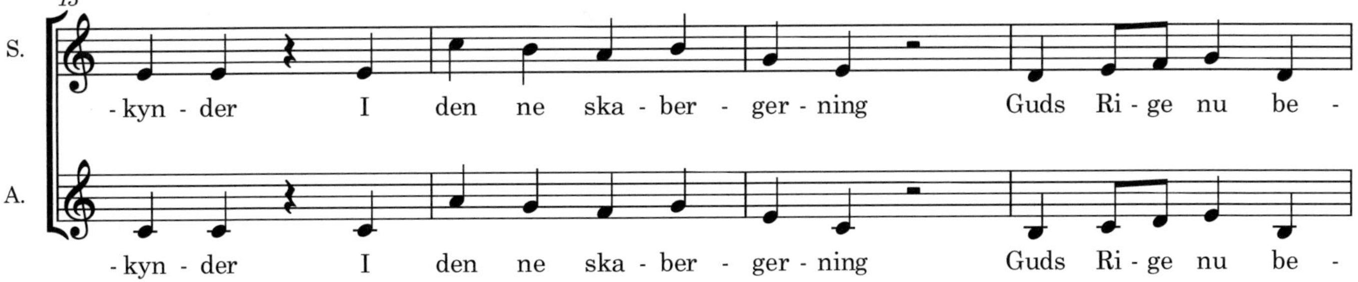

C
17
S.
-gyn - der Kors - fæs - tet, død, be - gra - vet, fra gra - ven til Gud gå - et I
A.
-gyn - der Kors - fæs - tet, død, be - gra - vet, fra gra ven til Gud gå - et I
T.
Mmm Mmm
B.
Mmm Mmm
22
S.
den for - so - ner - ger - ning har al - le - li - vet få - et
A.
den for - so - ner - ger ning har al - le li - vet få - et
T.
Mmm
B.
Mmm
D
26
Am Em Am G Em G Am
S.
Kors - fæs - tet, død, be - gra - vet, fra gra - ven til Gud gå - et I
A.
Kors - fæs - tet, død, be - gra - vet, fra gra ven til Gud gå - et I
T.
Kors - fæs - tet, død, be - gra - vet, fra gra - ven til Gud gå - et. I
B.
Kors - fæs - tet, død, be - gra - vet, fra gra - ven til Gud gå - et I

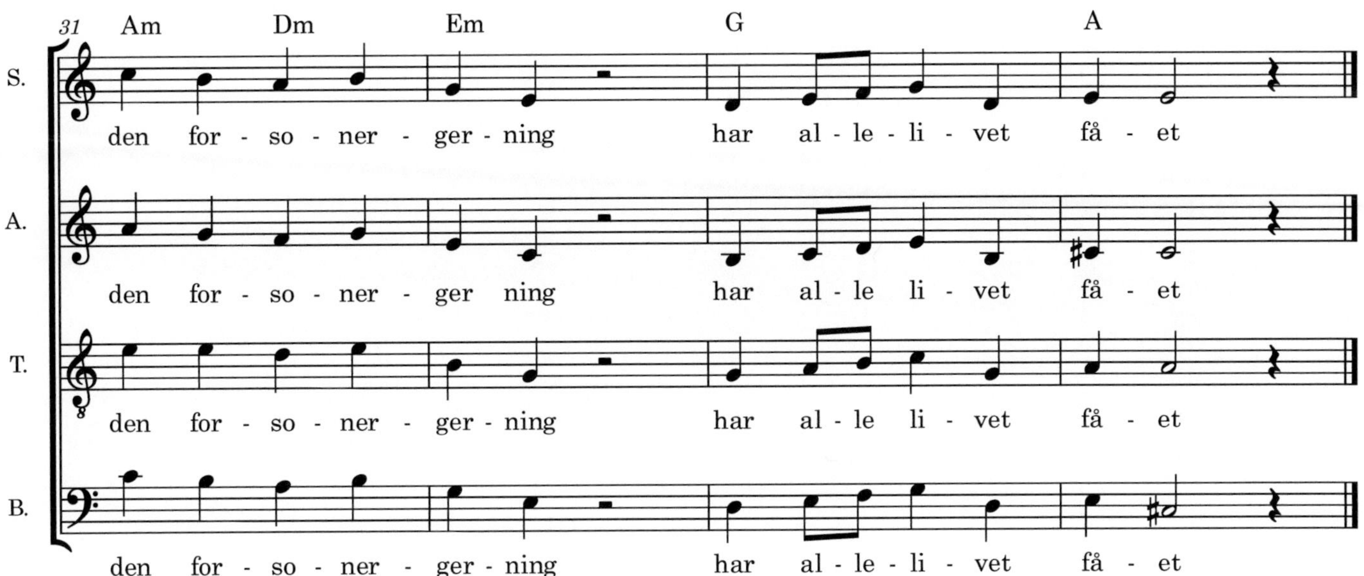
31
Am Dm Em G A
S.
den for - so - ner - ger - ning har al - le - li - vet få - et
A.
den for - so - ner - ger ning har al - le li - vet få - et
T.
den for - so - ner - ger - ning har al - le li - vet få - et
B.
den for - so - ner - ger - ning har al - le - li - vet få - et

Tillæg

2 nye påskesalmer

Du dømmes frit til liv

Torben Persson

Steffen Krøyer

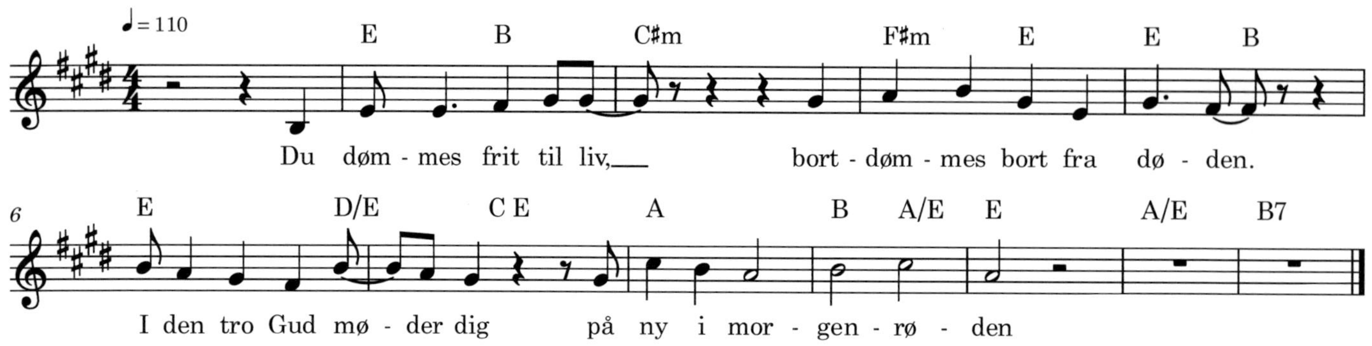

Du dømmes frit til liv,
bortdømmes bort fra døden.
I den tro Gud møder dig
på ny i morgenrøden

Gud elskede sin søn,
i ham der fandt du livet.
Du, der Sønnens ord her tror,
får nu livet givet.

Du frydes ved Guds Lys,
der altid i dig brænder.
Sønnen kaldte dig til dom,
dødens mørke ender.

Kommet er Guds nye rige

Torben Persson

Steffen Krøyer

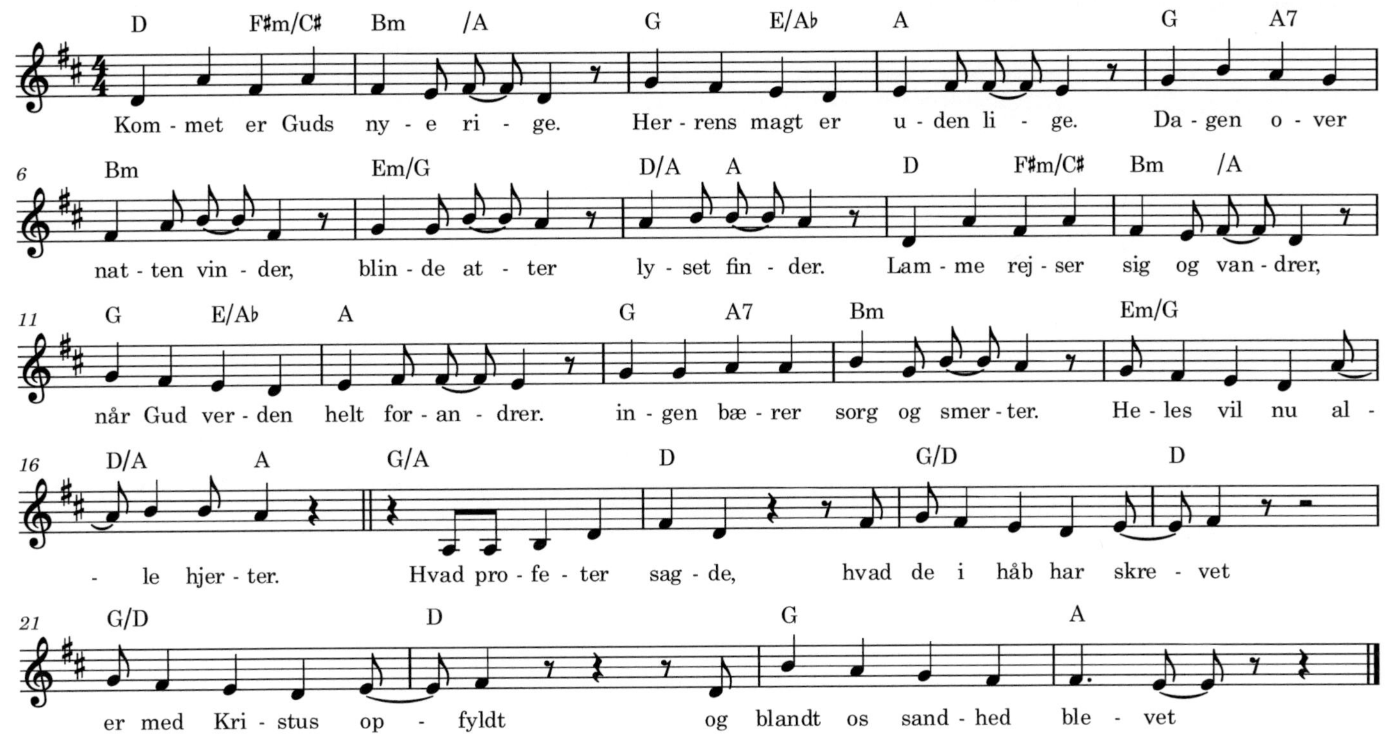

Kommet er Guds nye rige.
Mørket vil for lyset vige.
Gud vil tørre hvert et øje.
Ingen skal i angst sig bøje.
Ondskab bringes brat til ende.
Alting vil til glæde vende.
Sønnens far har skænket freden.
Løftet er nu: Kærligheden.

Hvad profeter sagde,
hvad de i håb har skrevet
er med Kristus opfyldt,
og blandt os sandhed blevet.

Glemt er Adams synd og brøde.
Den med Kristus helt bortdøde.
Åndens pant kan Gud indløse,
Kristi korsdød vil forløse.
Alle grave Gud nu tømmer,
Gud til liv de døde dømmer.
Kristus krones her som konge.
Sorgens dage er nu omme.

Hvad profeter sagde,
hvad de i håb har skrevet
er med Kristus opfyldt,
og blandt os sandhed blevet.

Med Guds død Gud skaber livet,
Gud sig selv til liv har givet.
Kristi død var Herrens gåde:
Gåden gav Gud os i nåde!
I den tro får alle gaven,
Så de atter bor i haven.
Troen, håbet, kærlighedem
er opfyldt i Herrens Eden

Hvad profeter sagde,
hvad de i håb har skrevet
er med Kristus opfyldt,
og blandt os sandhed blevet.